Corso di programmazione

per android

Introduzione

**(corso completo per imparare
a programmare con il S.O. Google)**

Android è il sistema operativo per dispositivi mobili più diffuso al mondo. Si è imposto sul mercato divenendo una piattaforma di riferimento.

Un'ascesa tanto rapida non è dipesa solamente dalla solidità del sistema e dalla semplicità di utilizzo offerta.

Il ruolo chiave infatti è giocato dalle numerose applicazioni, di una varietà molto ampia, le applicazioni sono il vero motivo che spinge un utente ad acquistare questi dispositivi.

In questa direzione si sono mossi gli ideatori di Android che, per incentivare la creazione di applicazioni sempre nuove, hanno sviluppato un Market Place di libero accesso, all'interno del quale chiunque può pubblicare la propria Applicazione.

In questo modo, gli sviluppatori di tutto il mondo, ma anche semplici utenti dotati di grande passione, si sono cimentati nella programmazione per Android, sviluppando milioni di applicazioni in poco tempo, rendendo il Market Place un luogo in cui è possibile trovare un videogioco sviluppato da una grossa software house affianco all'applicazione creata dal privato.

Creare applicazioni per Android non è semplice; ma col passare del tempo sempre più utili software vengono messi a disposizione degli sviluppatori,ovviamente rendendo le cose sempre più semplici.

Prima parte

(ambiente di sviluppo)

La prima cosa da fare è installare "java jdk", un ambiente di sviluppo per applicazioni e componenti che utilizza il linguaggio di programmazione "java", indispensabile per android, in quanto android si basa proprio su questo linguaggio.

Installare "java jdk" è molto semplice, basta andare sul sito della oracle, a questo indirizzo:
http://www.oracle.com/technetwork/java/javase/downloads/index-jsp-138363.html#javasejdk
scaricare il pacchetto e seguire le istruzioni per l'installazione.

La seconda cosa da fare è installare "eclipse".
Eclipse è l'ambiente di sviluppo supportato ufficialmente da android, lo trovi qui: http://WWW.eclipse.org
Anche altri ambienti di sviluppo permettono la programmazione per android, ma non sono open source, multi linguaggio e multi piattaforma.

Eclipse però non è sufficiente, abbiamo bisogno dell'SDK che contiene gli strumenti per realizzare e testare le applicazioni in eclipse.

Per scaricare L'Android SDK vai qui: http://developer.android.com/sdk/index.html
Avvia il file dopo averlo scaricato e segui le semplici istruzioni.

Ricorda di togliere la spunta a "start SDK Manager"

Al primo avvio, eclipse chiederà di scegliere la cartella in cui vogliamo salvare i nostri progetti "Workspace", scegli la cartella, spunta la casella "Use this as the defoult and do not ask again" per rendere definitiva l'assegnazione e clicca su "ok".

Ora devi installare il plug-in android development tools, Clicca su "help" nella barra dei menù e scegli "install New Software",ti si aprirà una finestra dalla quale puoi scaricare e installare i plugin, clicca su "add", nel campo "Name" inserisci ADT Plugin e, nel campo "Location" inserisci l'indirizzo "https://dl-ssl.google.com/android/eclipse", clicca su "ok", attendi fino a che non compare "Developer Tools" nella tabella sottostante e spunta tutto cliccando "Select All", poi su "next" due volte, accetta i termini della licenza e clicca "finish", quando ti verrà richiesto, clicca su "Restart Now" e eclipse si riavvierà.

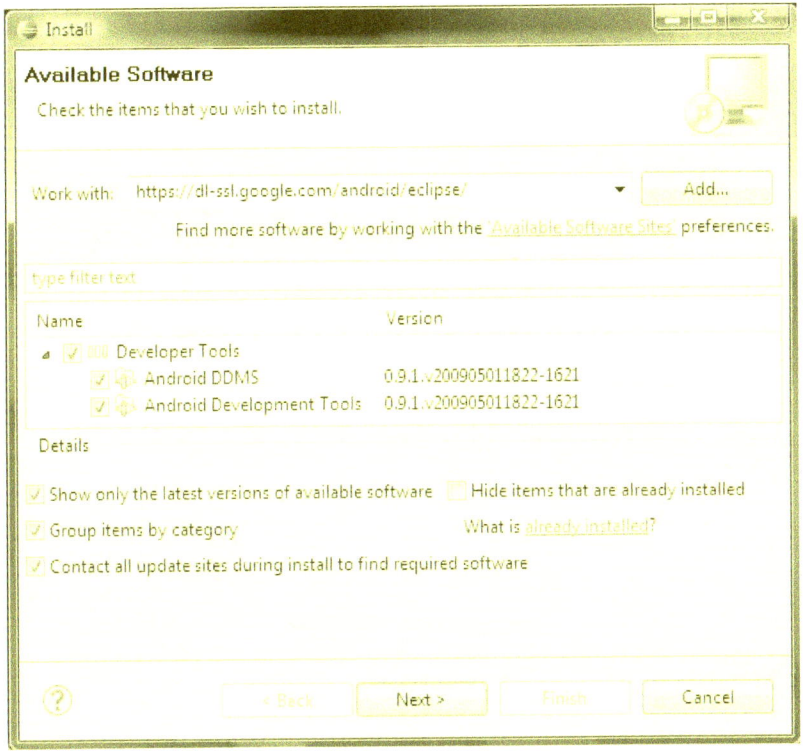

Dopo il riavvio devi configurare l'sdk in modo che si integri con il plugin di eclipse.

Seleziona "Use existing SDKs" e inserisci nel campo "existing Location" il percorso della cartella in cui hai salvato android

`C:\Program Files\Android\android-sdk`

clicca poi su "next","no" e "finish", ti verra detto che vanno installate delle componenti mancanti,clicca su "ok".

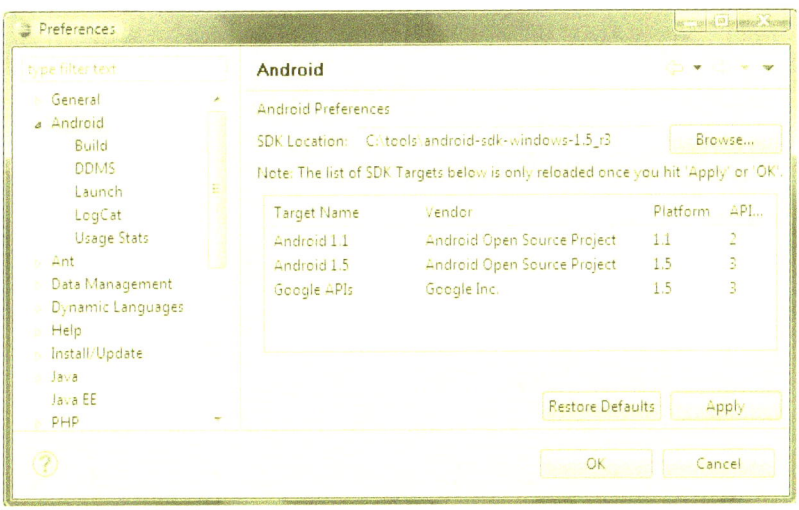

Adesso Eclipse può creare nuovi progetti Android ed eseguire le nostre applicazioni, ma per iniziare a programmare hai bisogno di alcuni componenti che puoi installare utilizzando Android SDK Manager.

Fai clic sul simbolo dell' Android SDK Manager nella barra degli strumenti di Eclipse (il simbolo con la freccia verso il basso).

Quando si aprirà la finestra vedrai già selezionante alcune delle componenti che dovrai installare, fai clic su "New" e su "Updates" per selezionare tutte le componenti, clicca su "Install Packages", nella finestra successiva spunta "Accept All" e clicca su "Install".

Per testare le applicazioni hai bisogno di un emulatore Android.

Questo emulatore prende il nome di Android Virtual Device e simula un vero e proprio dispositivo.

Per crearne uno clicca sull'icona dell'AVD Manager di fianco a quella dell'Android SDK Manager (quella che rappresenta un cellulare).

Si aprirà la finestra di gestione degli AVD; inizialmente non sono presenti AVD per cui fai clic sul pulsante "New"

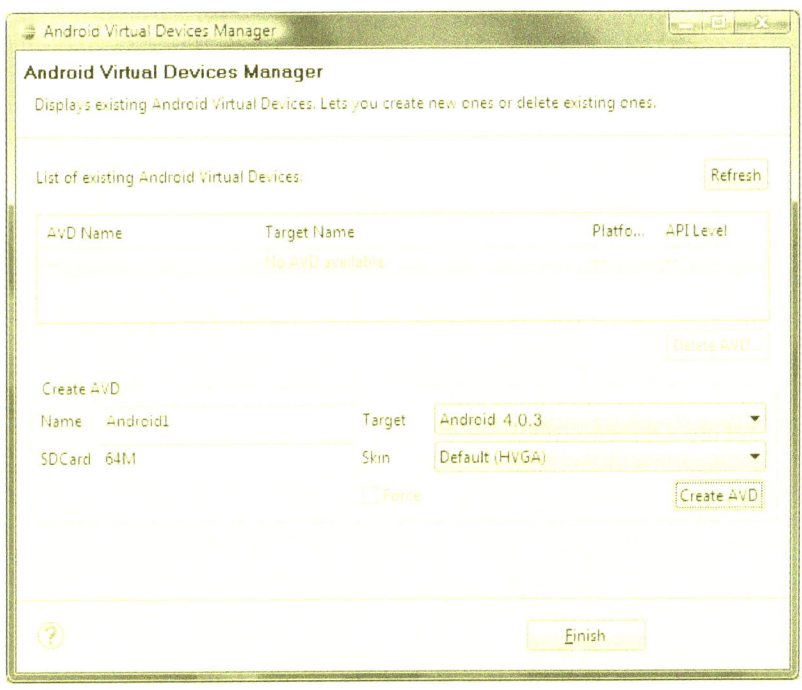

apparirà la finestra di creazione di un nuovo AVD, per il momento ci basta inserire un nome per il nostro AVD e un Target, in "Name" inseriamo AndroidSimulator4.0.3, in "Target" selezioniamo Android 4.0.3 – API Level 15, abbiamo stabilito che il nostro simulatore utilizzerà la versione 4.0.3 di

Android e sarà quindi in grado di sostenere tutte le funzionalità più aggiornate.

Lasciamo tutto il resto invariato e clicchiamo su "Create AVD".

A questo punto nella finestra di gestione degli AVD ciò che hai appena creato e che userai per testare le tue prime applicazioni.

Se vuoi puoi avviare il simulatore facendo clic sul tasto "Start" e successivamente su "Launch"

(Primi passi)

Le variabili

In qualsiasi linguaggio di programmazione è necessario un dispositivo di "memorizzazione", vale a dire qualcosa che possa ricordare i valori e le proprietà degli oggetti o altri dati significativi.

Questo tipo di dispositivo di memoria è definito "variabile".

In Java le variabili sono definite da un nome e da un tipo di dato.

Ad esempio, "int x" indica una variabile di nome "x" e di tipo intero.

Ci sono otto tipi di base per i dati in java

Tipo	Descrizione
byte	intero con segno a 8 bit
short	intero con segno a 16 bit
int	intero con segno a 32 bit
long	intero con segno a 64 bit
float	numero con virgola mobile
double	numero con virgola mobile con doppia precisione
char	carattere singolo unicode
boolean	true o false

Inizializzare una variabile

Una variabile viene inizializzata quando le viene assegnato un valore tramite l'operatore di assegnamento =.

Un esempio:
```
int  miaVariabile – 10;
char  miaVariabile = 'A';
boolean  miaVariabile = true;
```

Non ci sono molte regole sui nomi che è possibile dare a una variabile, le uniche restrizioni imposte sono: l'impossibilità di usare il carattere "_" o un numero come primo carattere.

In questo corso seguiremo la convenzione della notazione a cammello che prevede di nominare una variabile con il primo carattere minuscolo e di mettere in maiuscolo ogni iniziale di parola successiva per i nomi composti da più parole come negli esempi: "miaVariabile".

ATTENZIONE!

Java è un linguaggio Case Sensitive, la variabile "miaVariabile" è diversa da "MIAVARIABILE" o da MIAvariabile.

La notazione a cammello ti aiuterà ad

evitare di commettere questo errore.

Di certo avrai notato che ogni istruzione (o riga di codice), termina con un ";".

Java infatti, interpreta questo carattere come **"FINE ISTRUZIONE"**, per cui se non lo inserisci, due righe successive vengono interpretate come un'unica istruzione.

Gli operatori matematici

Gli operatori eseguono combinazioni, equazioni matematiche e confronti tra valori.

A parte "`char`" e "`boolean`", tutti i tipi di base in Java sono numerici, rappresentano quindi numeri, interi o decimali, su cui è possibile effettuare tutte le più comuni operazioni, vedi tabella sottostante.

Operatore	Funzione
+	somma
-	sottrazione
*	moltiplicazione
/	divisione
%	modulo
++	incremento
--	decremento

Gli operatori "divisione" e "modulo" e i numeri decimali

Meritano particolare attenzione gli operatori "/" e "%".
L'operatore di divisione "/" agisce in

modo diverso in base ai tipi su cui opera: se viene applicato a un numero decimale e se il suo risultato è memorizzato in un numero decimale, esegue una normale divisone, se invece viene applicato a numeri interi, esegue la divisione intera.

Un piccolo esempio per capire meglio:

```
double a = 10/5;    = 2.0
double b = 10/4;    = 2.0
int c = 10/3;       = 3
int d = 10/2;       = 5
```

Come puoi vedere, nonostante *a* e *b* siano dei **double**, il valore di *b* viene tagliato al valore di 2.0. Questo perché 10 e 4 sono numeri interi.
Affinché il risultato sia decimale è necessario che almeno uno dei due operandi sia decimale.

Puoi scrivere quindi $a = 10/4.0$ o $a = 10.0/4$ e ovviamente $a = 10.0/4.0$. In tutti questi casi *a* sarà uguale a 2.5.

L'operatore modulo invece, restituisce il resto della divisione.
Esempio:

```
   int a  =  10%5;  =  0
   int b  =  10%4;  =  2
double c  =  10%3;  =  1.0
```

Incremento e decremento

Gli operatori di incremento e decremento sono usati per aumentare o diminuire il valore di una variabile di un punto, abbreviando l'operazione.

Esempio:
```
x + 1 = x ++
x - 1 = x - -
```

Il tipo "char"

Il tipo "char" non è un tipo numerico: rappresenta un carattere unicode come una lettera.

Quando si inizializza una variabile di questo tipo, il valore va messo tra apici '..', oltre a lettere e numeri un "char" può anche rappresentare caratteri speciali come "_", "%", "/" o altri.

Anche su questo tipo di variabili si posso eseguire alcune operazioni matematiche.

È possibile ad esempio incrementare o decrementare un carattere di una certa cifra.

Esempio:

```
char carattere = 'a';              il carattere sarà "a"
carattere = carattere + 5;         il carattere sarà "f"
carattere = carattere − −;         il carattere sarà "e"
```

Il tipo "boolean"

Un tipo di base particolare è il "boolean" che può assumere solo due valori: "true" o "false".

Ovviamente "boolean" può anche essere il risultato di una condizione.

Nella forma più semplice, una condizione è espressa come valore operatore valore (ad esempio "x < 10" restituirà "true" nel caso in cui "x" sia minore di "10" e "false" altrimenti).

Per unire più condizioni si utilizzano i connettivi logici "AND" (in Java indicato con &&), "OR" (indicato con ||) e "NOT" (indicato con !).

Operatore	Significato
<	minore
<=	minore o uguale
>	maggiore
>=	maggiore o uguale
==	uguale
!=	diverso da

Esempio:

$x = 10;$
$x < 11$ && $x < 9;$ è false
$x < 11 \;||\; x < 9;$ è true
$!(x < 11);$ è false

Controllo delle condizioni: le azioni if, else if e swich

Le condizioni sono il cuore della logica, per creare un'applicazione intelligiente è necessario creare un meccanismo di verifica, questo meccanismo (che nel campo dell'informatica viene chiamato istruzione condizionale) deve operare in termini semplici.

   Le istruzioni "if/else" si basano su un principio simile alle verifiche con risposte "vero/falso" che si sostenevano a scuola,se la condizione è vera,viene eseguita una serie di azioni, se la condizione è falsa si ignorato le azioni racchiuse nell'istruzione e si prosegue con la condizione o l'azione successiva.

Esempio:

```
if ( x == 1 ) {
y = 3;
};
se ( condizione vera ){
istruzione da eseguire;
};
```

Le istruzioni "else" vengono usate come forma predefinita nel caso la condizione verificata sia falsa, le istruzioni "else if" continuano a verificare le condizioni se la condizione "if" (o else if) precedente era falsa.

Esempio:

```
se (la prima condizione è vera){
esegue questo codice;
} altrimenti se (la seconda condizione è vera){
esegue questo codice;
} altrimenti {
esegue questo codice;
};
```

è pertanto possibile realizzare una struttura "if/else" che assegna un valore a una variabile in base al valore di un'altra variabile

Esempio:

```
if ( x = = 1 ){
    testo = "giovanni";
} else if ( x = = 2 ){
    testo = "luca";
} else {
    testo = "nessuno";
};
```

switch

In Java esiste anche un ulteriore costrutto condizionale, lo "switch", la sua sintassi è molto semplice:

```
switch ( scelta ) {
    case 1: istruzioni 1; break;
    case 2: istruzioni 2; break;
    case 3: istruzioni 3; break;
```

default: istruzioni default;
};

Il costrutto controlla il valore della variabile scelta ed esegue le istruzioni a partire dal caso apposito.

Se la variabile scelta vale 2 inizierà ad eseguire le istruzioni a partire da "case 2", se invece il valore della variabile non è nessuno di quelli contemplati nei vari casi, si eseguono le istruzioni a partire da "default".

L'istruzione "break" serve per uscire dal costrutto.

Se il programma entra nel caso 2, inizia ad eseguire le istruzioni partendo da quel punto e, trovata l'istruzione "break", riprende il codice da dopo lo "switch", se l'istruzione non ci fosse proseguirebbe con le istruzioni contenute in "case 3" e così via.

(Passiamo alla pratica)

CIAO MONDO ANDROID!

È arrivato il momento di utilizzare eclipse e l'emulatore per programmare la nostra prima applicazione Android.
Naturalmente sarà una variante del classico "HELLO WORLD!".
Per creare un nuovo progetto Android ci sono varie possibilità, ma la scelta più semplice, prevede la pressione di un pulsante nella top bar, il pulsante "New android project".

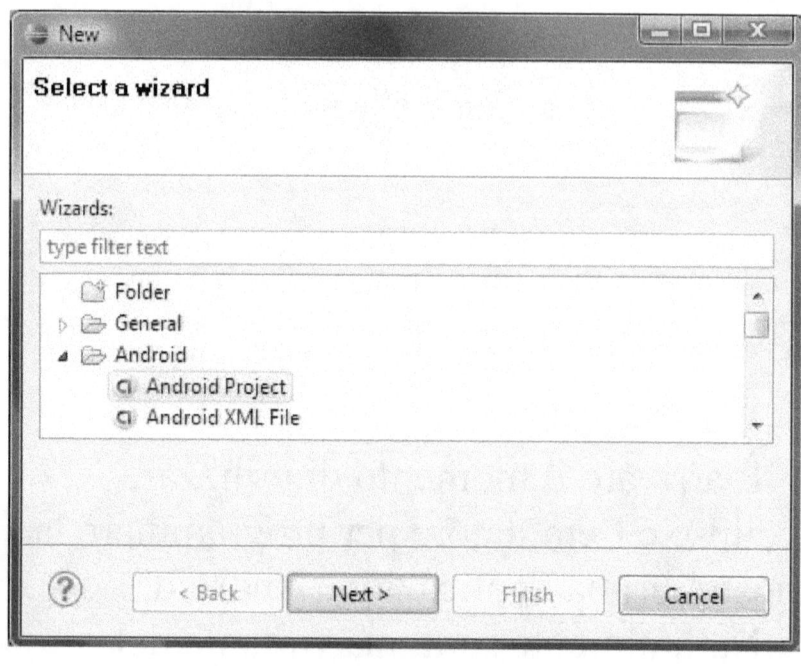

Nel wizard di creazione del progetto utilizzate questa configurazione:

Project name: **CiaoMondoAndroid**
Build target: **"Android 1.5"**.
Application name: **Ciao Mondo**
Package name: **it.primoprogetto.ciaoandroid**
CreateActivity: **CiaoMondoAndroidActivity**

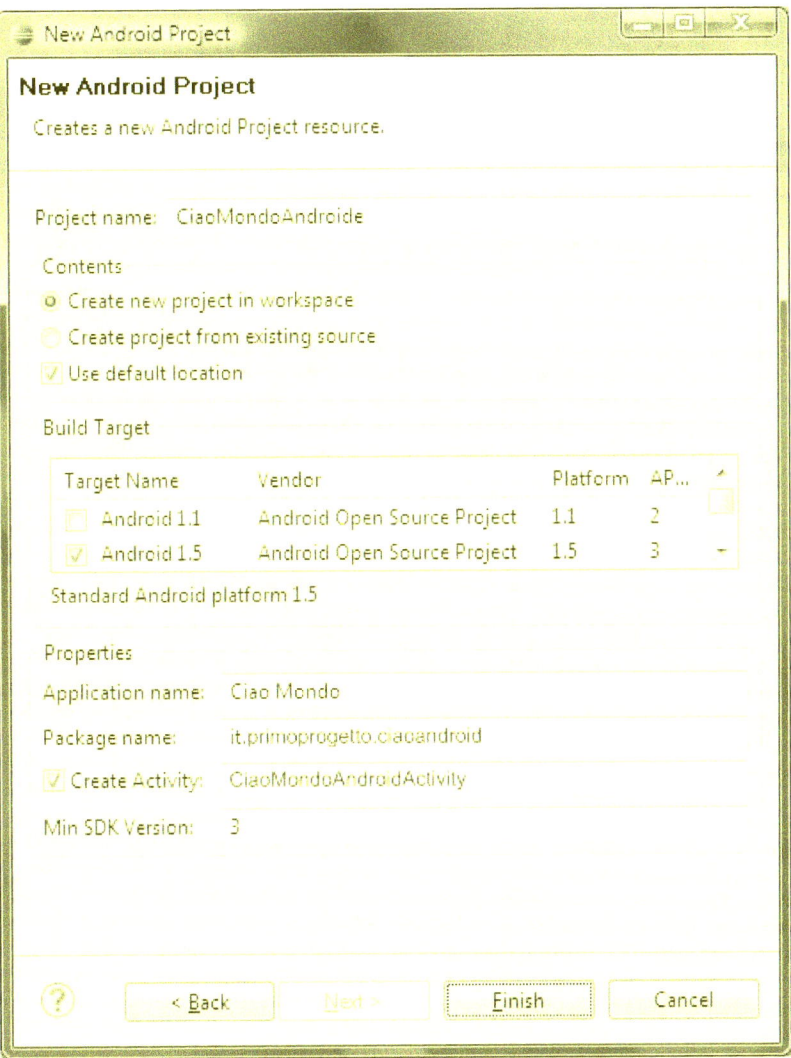

Eclipse inserirà le librerie di Android e creerà la struttura di base dei progetti per questa piattaforma.

Eclipse provvederà anche alla creazione della prima classe della soluzione, chiamata "CiaoMondoAndroidActivity" e inserita nel pacchetto "it.primoprogetto.ciaoandroid".

Aprite il codice della classe e modificatelo così:

```
package it.primoprogetto.ciaoandroid;
import android.app.Activity;
import android.os.Bundle;
import android.widget.TextView;
public class CiaoMondoAndroidActivity extends Activity
{
@Override public void onCreate(Bundle save dInstanceState)
{super.onCreate(savedInstanceState);
TextView tv = new TextView(this);
tv.setText("Ciao Mondo Android!");
setContentView(tv);
}
};
```

Ora selezionate la radice del progetto "CiaoMondoAndroid", attivate il menu contestuale da tasto destro e lanciate la voce "Run As » Android Application".

L'emulatore verrà caricato ed eclipse provvederà a installare al suo interno l'applicazione "CiaoMondoAndroid", per poi avviarla non appena l'operazione sarà completata.

Ci siete riusciti,ecco la vostra prima applicazione girare davanti a voi.

Struttura di un progetto

Come puoi notare, nel tuo "Package Explorer" è ora visibile il progetto "CiaoMondoAndroid" che hai appena creato.

Fai un doppio clic per espanderlo e noterai una serie di files e cartelle che sono state autogenerate.

"src": Nella cartella "src" inserirai tutto il codice Java che governerà la parte dinamica della tua applicazione.

"res": In Android, alcune delle informazioni relative al progetto vengono memorizzate in files di congigurazione esterni al codice.

Nella cartella delle risorse "res" puoi trovare le cartelle "drowable", dove memorizzerai icone ed immagini per i vari formati di dispositivo.

Nella cartella "layout", troverai i documenti XML che definiscono le componenti GUI che vengono utilizzate nell'applicazione.

Nella cartella "values" invece, vanno inserite le risorse XML che definiscono variabili e valori, come ad esempio, stringhe, interi e tante altre tipologie di dati.

"gen": è necessario che ci sia un ponte tra le risorse XML che definiscono GUI o particolari valori di variabili e il codice Java che scrivi, questo ponte è realizzato dalla classe R.java che si trova nel tuo package all'interno della cartella "gen".
Questa classe è generata

automaticamente dal plugin ADT ogni volta che viene aggiunto un elemento alla struttura di un documento XML.

"AndroidManifest.xml": Questo file contiene tutte le informazioni che abbiamo specificato nella creazione del progetto. Lo scopo del documento è quello di descrivere al dispositivo l'applicazione che dovrà eseguire, indicandone le caratteristiche fondamentali, come il nome e l'icona associata.

"Android 1.5": Questo oggetto rappresenta la libreria utilizzata, ciò sta ad indicare che per questo progetto abbiamo scelto di utilizzare le **API** della versione 1.5 di Android.

(Classi e oggetti)

La programmazione orientata agli oggetti

Quando si usa la programmazione a oggetti, un programma è composto da oggetti (ciascuno di essi con le sue proprietà) e da funzioni che questi oggetti possono svolgere.

Gli oggetti che compongono un programma possono essere realizzati dal programmatore o da altri che li rendono disponibili, gratuitamente o meno.

Ogni oggetto è formato da altri oggetti

di cui sfrutta le funzioni, in questo modo può fornire nuove funzioni a chi lo vorrà utilizzare.

Classi e oggetti

Per definire le proprietà ed il comportamento di un oggetto si utilizzano le classi.

Una classe è il modello di un oggetto, stabilisce come l'oggetto è fatto e cosa può fare, ma non è un oggetto.

Un oggetto è un'istanza di una classe.

Nell'applicazione che si realizzerà successivamente verrà creata la classe "Contatto" con determinate caratteristiche ma, seppur sia possibile avere diversi oggetti "Contatto", con nome, cognome e numero di telefono diversi tra loro, la classe "Contatto" sarà sempre la stessa.

Per definire una classe la sintassi è, di solito, la seguente:

```
public class NomeClasse {
    ...
};
```

Noterai che anche nei nomi delle classi si utilizza la notazione a cammello, ma la prima lettera deve essere rigorosamente maiuscola.

Nelle parentesi graffe vanno definite le proprietà e le funzioni che ogni oggetto, istanza di questa classe, dovrà possedere.

Variabili di istanza

Le variabili che definiscono una classe

sono chiamate variabili di istanza e rappresentano le proprietà di ogni istanza della classe ed ogni oggetto di questa classe sarà formato da queste variabili.

Per definire una variabile si usa la sintassi "visibilità tipo nomeVariabile;"

La visibilità può essere di quattro tipi:

private	"la variabile è visibile solo all'interno della classe stessa"
protected	"si basa sull'ereditarietà"
public	"variabile pubblica, chiunque può averne accesso"
"vuota"	"se non viene assegnata la visibilità, solo gli elementi del package possono accedervi"

Il tipo di variabile può essere anche essere un'altra classe.

Il programmatore crea i propri oggetti aggregando oggetti creati da altri e gli oggetti da lui creati possono essere utilizzati per comporre altri oggetti.

I metodi

I metodi definiscono il comportamento di una classe.
La sintassi per definire un metodo è:

```
visibilità tipoDiRitorno nomeMetodo (argomento1, argomento2,...){
   istruzioni;
};
```

Il **"tipo di ritorno"** è il valore che viene restituito dal metodo quando viene chiamato (se il metodo non deve restituire nulla, si inserisce il tipo
void).
Gli **"argomenti"** possono anche non esserci ma, quando presenti, vengono di solito usati nel corpo del metodo (le

istruzioni tra parentesi graffe), insieme alle variabili di istanza.

Il tipo di ritorno, il nome e la lista ordinata degli argomenti formano la firma del metodo.

Attenzione

Una classe non può avere due metodi uguali!

Metodi mutuatori e accessori

I metodi che modificano le variabili di istanza sono detti mutuatori.

Esempio:

```
void setNomeVariabile (tipoVariabile nuovaVariabile){
    nomeVariabile = nuovaVariabile;
};
```

Questi metodi non restituiscono nulla e ricevono come argomento il nuovo valore da assegnare alla variabile di istanza.

I metodi che accedono ai campi di istanza sono invece detti accessori.

Esempio:

```
tipoVariabile getNomeVariabile (){
    return nomeVariabile;
};
```

In questo caso il metodo restituisce il riferimento alla variabile di istanza.
Generalmente questi metodi hanno visibilità "public" perché le variabili di istanza, sarebbero altrimenti inaccessibili.
Se non si vuole che una variabile sia visibile o modificabile dall'esterno è

sufficiente non definire questi metodi per quella variabile.

Una particolarità è rappresentata dai metodi accessori per variabili booleane.
I nomi di questi metodi iniziano per "is" e non per "get" così, si userà il metodo "isPositivo()" e non "getPositivo()".
Quando un metodo deve restituire qualcosa, come nel caso di un metodo accessorio, si deve chiamare l'istruzione "return" seguita dal valore o dalla variabile che si vuole restituire a patto che questa sia di un tipo compatibile col tipo di ritorno dichiarato dal metodo.
Questa istruzione fa terminare il metodo per cui viene eseguita per ultima ma non sempre.

Esempio per l'istruzione "return" che è

ripetuta più volte all'interno dello stesso metodo:

```
public boolean diversoDaDieci (int i) {
    if (i > 10)     " Viene controllato che il valore sia positivo"
    return true;    "se è giusto, viene restituito il valore "true""
    if (i < 10)     " Viene controllato che il valore sia negativo"
    return true;
    return false;   "se il metodo supera entrambe le verifiche,
                    restituisce "false""
};
```

Metodi costruttori

Ogni classe deve avere un metodo costruttore: se non se ne definisce uno, gliene viene assegnato uno di default.

Il compito di questo metodo, è quello di allocare lo spazio in memoria per l'oggetto e assegnare dei valori iniziali ai campi.

In quello di default i campi non vengono settati.

Esempio:

```
public NomeClasse (tipoVariabile1 nomeVariabile1, ...) {
    this.nomeVariabile1 = nomeVariabile1;
    this.nomeVariabile2 = nomeVariabile2;
    this.nomeVariabile3 = nomeVariabile3;
};
```

"this" serve ad indicare questa particolare istanza della classe, generalmente può essere omessa, ma in questo caso è necessaria, perché se ci fossimo riferiti a nomeVariabile1 senza usare il "this", ci saremmo riferiti alla variabile passata come parametro e non alla variabile di istanza di questo oggetto.

Non necessariamente devono essere

settati tutti i campi, quelli non settati possono essere inizializzati con i metodi mutuatori ma, se una variabile non viene settata, il suo valore dipende dal suo tipo, se si tratta di un tipo numerico il valore assegnato e sarà "0", se invece si tratta di un "char" allora il valore sarà " ", se invece la variabile è un oggetto, il suo valore sarà "null".

Usare gli oggetti

I metodi e le variabili di un oggetto, possono essere utilizzati con la sintassi:

nomeOggetto.nomeMetodo o nomeOggetto.nomeVariabile.

Se ad esempio, vogliamo accedere a una

variabile intera "x" di un oggetto "mioOggetto", allora la sintassi corretta sarebbe:

 int variabileX = mioOggetto.x; "se la variabile è pubblica"
         oppure
 int variabileX = mioOggetto.getX(); "se la variabile è privata"

Il metodo costruttore ha una sintassi particolare.

Esempio;

 Oggetto nomeOggetto = new Oggetto(valoriDeiCampiDaSettare).

I metodi statici

In java esiste una parola chiave, "static", che definisce variabili e metodi di classe e non di istanza, mentre una variabile di istanza è una caratteristica comune a tutti gli oggetti istanza di una

classe ma con valori diversi per ognuno di essi, una variabile di classe è propria della classe
e non dell'oggetto.

Un metodo statico è un metodo che può essere chiamato da una qualunque istanza della classe e anche all'interno di altre classi perchè non agisce sulle variabili di istanza, infatti non ne ha accesso.

Questo tipo di metodo viene utilizzato per fornire operazioni utili al programmatore che possono essere utilizzate più volte senza la necessità di riscrivere codice già compilato.

Esiste, ad esempio, la classe "Math" che offre il metodo statico "public static double sqrt(double x)" che restituisce il valore della radice quadrata del numero x e può essere chiamato all'interno di qualsiasi classe con il seguente codice:

```
double x = 16;
double radice = Math.sqrt(x);
```

In questo modo troveremo in radice il valore della radice quadrata del numero x (4) senza la necessità di creare un oggetto istanza della classe "Math".

Gli argomenti

Se un metodo non riceve un argomento, agisce sempre nello stesso modo.

Sfruttando gli argomenti, si può rendere un metodo dinamico e fargli eseguire operazioni diverse.

Ad esempio, se uno dei parametri è "boolean", il metodo esegue alcune operazioni in base al valore di questo parametro.

Passaggio di parametri

Esistono due modi per passare parametri a un metodo, per valore o per riferimento.

Esempio "per valore"

```
int x = 5;           "x vale 5"
x++;                 "x vale 6"
incrementa(x);       " viene chiamato il metodo
                       'incrementa' sul valore di x = 6"
public void incrementa (int i) {   "L'intero "i" contiene una
                                    copia del valore di "x" che
                                    vale "6", ma dopo
                                    l'istruzione "i++" il valore
                                    di "i" diventa "7" ma quello
                                    di "x" rimane "6""
i++;
};
```

Quando viene passato un oggetto come parametro invece di un tipo di base, questo viene passato per riferimento.

Esempio:

```
Parametro e = new Parametro("ciao", "mondo", "android");
   cambiaSaluto(e);
public void cambiaSaluto(Parametro parametro) {
   parametro.setSaluto("Hello");
};
```

"Parametro" è un oggetto che possiede una variabile di istanza chiamata "saluto", vediamo come il "parametro e", dopo la chiamata del metodo "cambiaSaluto", avrà nel campo "saluto", il valore "Hello", non più "ciao".

Le classi wrapper

Esistono classi particolari, che offrono, tra le altre cose, un modo per passare per riferimento anche i tipi di base, queste classi sono dette "wrapper" e sono "Integer, Double, Float, Long, Short, Byte, Character e Boolean", il loro utilizzo è molto semplice.

Esempio:

```
Integer i = new Integer(5);
incrementa(i);
public void incrementa(Integer intero) {
intero++;
};
```

In questo modo il valore di i, dopo la chiamata del metodo, varrà 6.

I mattoni fondamentali

Android dispone dei suoi mattoni fondamentali che lo sviluppatore può estendere e implementare per trovare un punto di aggancio con la piattaforma.
Android fornisce quattro mattoni di base:

Attività

Le attività sono quei blocchi di un'applicazione che interagiscono con l'utente utilizzando lo schermo e i dispositivi di input.
Comunemente fanno uso di componenti "UI" già pronti, come quelli presenti nel pacchetto **"android.widget"**, anche se

questa non è necessariamente la regola.

La classe dimostrativa **"CiaoMondoAndroidActivity"** è un'attività.

Le attività sono il modello più diffuso in Android, e si realizzano estendendo la classe base *"android.app.Activity"*.

Servizio

Un servizio gira in background e non interagisce direttamente con l'utente.

Ad esempio può riprodurre un brano MP3 mentre l'utente utilizza delle attività per fare altro.

Un servizio si realizza estendendo la classe **"android.app.Service"**.

Broadcast Receiver

Un **"Broadcast Receiver"** viene utilizzato quando si intende intercettare un evento.

Ad esempio lo si può utilizzare se si desidera compiere un'azione quando si scatta una foto o quando parte la segnalazione di batteria scarica.

La classe da estendere è **android.content.BroadcastReceiver**.

Content Provider

I **"Content Provider"** sono utilizzati per esporre dati ed informazioni. Costituiscono un canale di comunicazione tra le differenti applicazioni installate nel sistema.

Si può creare un **"Content Provider"** estendendo la classe: **android.content.ContentProvider.**

Quinta parte
(pubblicare apk)

I PACCHETTI APK

Le applicazioni Android sono distribuite sotto forma di file "**APK**".

All'interno di questi file vengono raccolti gli eseguibili in formato "**DEX**", le eventuali risorse associate e una serie di descrittori che delineano il contenuto del pacchetto.

In particolare, nel cosiddetto "manifesto", vengono dichiarate le attività, i servizi, i provider e i receiver compresi nel pacchetto, in modo che il sistema possa agganciarli e azionarli correttamente.

Torniamo, in Eclipse, sul progetto **"CiaoMondoAndroid"**.

Al suo interno troverete un file chiamato **"AndroidManifest.xml"**, con i seguenti dati al suo interno:

```
<?xml version="1.0" encoding="utf-8"?>
<manifest xmlns:android="http://schemas.android.com/apk/res/android"
package="it.primoprogetto.ciaoandroid"
android:versionCode="1"
android:versionName="1.0">
<application android:icon="@drawable/icon" android:label="@string/app_name">
<activity android:name=".CiaoMondoAndroidActivity"
android:label="@string/app_name">
<intent-filter>
<action android:name="android.intent.action.MAIN" />
```

È il manifesto descrittore citato poco fa.

Al suo interno dovete dichiarare i componenti del vostro software.

Eclipse, ha già eseguito su di esso alcune configurazioni iniziali quando avete creato il progetto.

Ad esempio ha registrato l'attività **"CiaoMondoAndroidActivity"**, ha specificato le proprietà generali dell'applicazione e ha anche generato e impostato un'icona per il nostro programma **"res/drawable/icon.png"**..

Con l'editor visuale messo a disposizione da Eclipse,

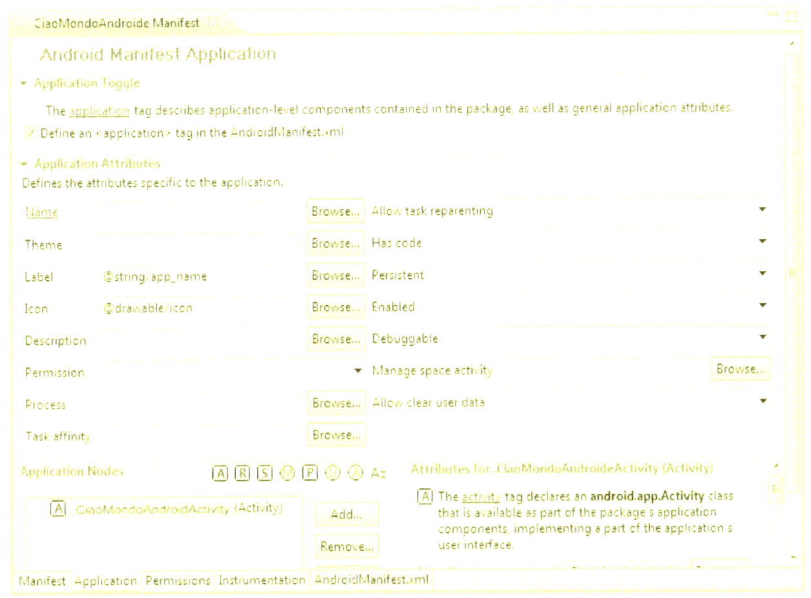

vi risulterà tutto molto semplice, sarà sufficiente fare un po' di pratica e approfondire l'aspetto d'interesse.

Una volta che il lavoro è stato completato, è possibile esportare il file "**APK**" da distribuire ai nostri amici o clienti.

Prima di distribuire il pacchetto però, è necessario apporre su di esso una firma digitale, se non eseguiremo questa procedura, Android non potrà installarne i contenuti.

Il fatto che un pacchetto debba essere firmato non deve preoccupare, non è necessario che una "**certification authority**" riconosca la chiave utilizzata per la firma, di conseguenza è possibile firmare un pacchetto "**APK**" anche servendosi di un certificato "fatto in casa".

In parole povere, non bisogna pagare nessuno perché i nostri software siano autorizzati, potete fare tutto da soli.

In Eclipse, ancora una volta, è questione di pochi clic, aprite il menu contestuale sulla radice del progetto "tasto destro del mouse" e selezionate la voce "**Android Tools » Export Signed Application Package**".

Al secondo step del wizard di generazione del pacchetto, vi verrà chiesto da dove prelevare la firma digitale.

Solitamente gli oggetti di questo tipo vengono raccolti da una "**keystore**".

La "**keystore**", raccoglierà tutte le nostre firme digitali, per crearne una nuova, selezionate l'opzione **"Createnew keystore"**.

Ora bisogna scegliere dove conservare il keystore.

Non c'è bisogno di usare un'estensione particolare per il nome del file.

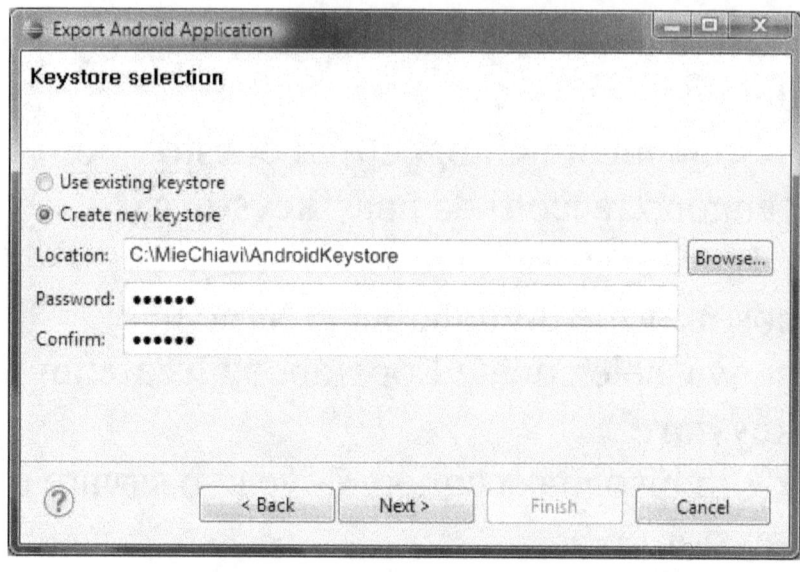

Visto che il keystore appena creato è vuoto, il passo successivo sarà creare una chiave, cioè una firma digitale.

```
Key Creation


Alias:            MieApplicazioniAndroid
Password:         ••••••
Confirm:          ••••••
Validity (years): 25
First and Last Name: Daniele Valduga



    ?          < Back      Next >      Finish
```

Dobbiamo inserire il nome della chiave "**alias**", la password per l'utilizzo della chiave, una validità in anni (di solito si usa il valore *25*) e i dati del firmatario.

Superata la fase di creazione o selezione del keystore e della chiave, scegliamo poi dove salvare il pacchetto APK che sarà generato.

Scegliete la destinazione e concludete l'operazione.

È fatta, il pacchetto è stato generato e firmato.

Potete ora installarlo su un dispositivo Android!.

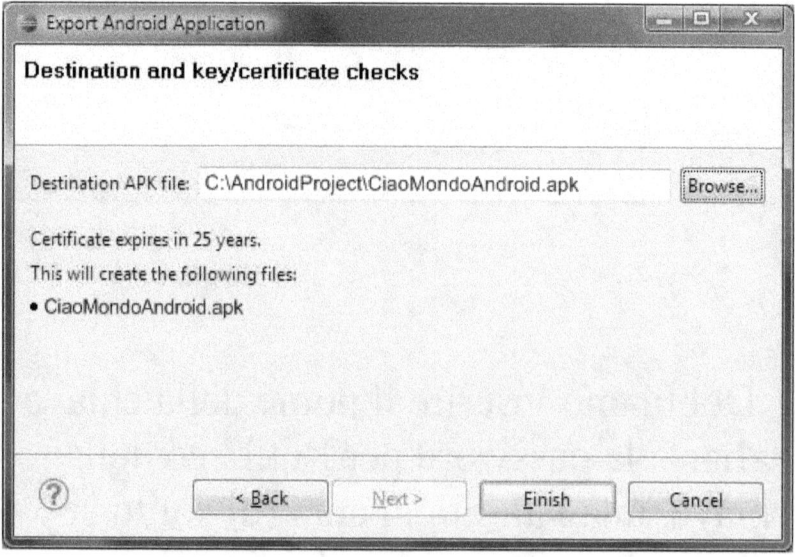

(Le risorse esterne)

GESTIONE DEI VALORI

Il primo tipo di risorse che impareremo a manipolare sono i valori.

Si tratta di coppie chiave valore dichiarate all'interno dei file **XML** che sono al percorso di progetto **"res/values"**. Eclipse, crea in questo percorso il file **strings.xml**, che raccoglie le stringhe usate dall'applicazione che verrà sviluppata.

Ad ogni modo potete rinominare il file o aggiungerne quanti ne volete, al fine di categorizzare al meglio i valori necessari alla vostra applicazione.

L'importante è che tutti i file presenti nella cartella **"values"** seguano il seguente modello:

```xml
<?xml version="1.0" encoding="utf-8"?>
<resources>
<!-- valori qui -->
</resources>
```

All'interno del tag
 "<resources>
......
</resources>"
è possibile dichiarare differenti tipi di valori.

Supponiamo di voler dichiarare un valore di tipo
stringa chiamato nome e con contenuto **"Android"**:

```xml
<?xml version="1.0" encoding="utf-8"?>
<resources>
```

```
<string name="nome">Android</string>
</resources>
```

Ci sono numerosi tipi di dati supportati. Ecco l'elenco completo:

"Stringhe", con il tag <string>.

"Colori", con il tag <color> e con valori espressi in forma esadecimale secondo i modelli #RRGGBB o #AARRGGBB (AA sta per il canale alpha, che regola la trasparenza del colore).

"Misure e dimensioni", con il tag <dimen> e con valori numerici decimali accompagnati da un'unità di misura che può essere px (pixel), in (pollici), mm (millimetri), pt (punti a risoluzione 72dpi), dp (pixel indipendenti dalla densità) e sp (pixel indipendenti dalla scala).

"Rettangoli di colore", con il tag <drawable>.
I valori possibili sono colori esadecimali.
"Array di interi", con il tag <integer-array>.
  Gli elementi dell'array vanno espressi con più occorrenze del tag annidato <item>.

"Array di stringhe", con il tag <string-array>.
  Anche in questo caso si usa il tag <item>.

"Stili e temi", con il tag <style>.
  Servono per creare degli stili di disegno come succede per i fogli di stile CSS.
  Dentro il tag <style> vanno inseriti dei tag <item> con le singole voci che compongono lo stile.

Gli stili possono essere applicati alle interfacce grafiche.

RICHIAMARE LE RISORSE DA XML

Ogni tanto, ti potrà capitare di trovare del codice sorgente in Java, C o in altri linguaggi, con valori e messaggi digitati direttamente dentro il codice.

Questo modo di programmare, non è corretto, è sempre meglio separare i dati dal codice, perché in questo modo il software è più facile, sia da realizzare sia da mantenere.

Android favorisce la pratica la programmazione in tal senso.

I valori dichiarati nei file XML sotto

"values", così come tutte le altre risorse della cartella **"res"**, sono trattati dal sistema in maniera speciale.

Il kit di sviluppo, infatti, fornisce delle agevolazioni per richiamare le risorse dalle varie parti del software.

Sostanzialmente un'applicazione Android è costituita da file dichiarativi XML e da classi Java.

Sia in un caso sia nell'altro, ci sono scorciatoie per richiamare le risorse incluse in **"res"**.

Cominciamo dal caso XML e prendiamo a riferimento il più importante dei file di questo tipo: **"AndroidManifest.xml"**.

Quando, al suo interno, si dichiarano i dettagli dell'applicazione, è possibile scrivere qualcosa come:

```
<?xml version="1.0" encoding="utf-8"?>
<manifest xmlns:android=
```

```
"http://schemas.android.com/apk/res/andr
oid"
package="mypackage"
android:versionCode="1"
android:versionName="1.0">
<application
android:label="LaMiaPrimaApplicazione">
...
</application>
</manifest>
```

Il nome dell'applicazione, **"LaMiaPrimaApplicazione"**, in questo caso, viene digitato direttamente dentro il codice XML.

Con Android questo è corretto, tuttavia si può fare di meglio.

Si può, ad esempio, includere il titolo dell'applicazione nel file **"res/values/strings.xml"**, in questo modo:

```
<?xml version="1.0" encoding="utf-8"?>
<resources>
<string
```

name="app_name">LaMiaPrimaApplicazione</string>
</resources>

A questo punto il descrittore può essere riscritto così:

```
<?xml version="1.0" encoding="utf-8"?>
<manifest xmlns:android=
"http://schemas.android.com/apk/res/android"
package="mypackage"
android:versionCode="1"
android:versionName="1.0">
<application
android:label="@string/app_name">
</application>
</manifest>
```

quindi, invece di scrivere **"LaMiaPrimaApplicazione"**, abbiamo usato il riferimento **@string/app_name.**
Questa scorciatoia, come intuibile,

viene sostituita dalla risorsa di tipo stringa con nome **"app_name"**, che nel file **"strings.xml"** abbiamo dichiarato essere proprio **"LaMiaPrimaApplicazione"**.
La regola generale per richiamare una risorsa in un file XML, quindi, è basata sul modello:

"@tipo/nome".

I tipi validi sono:
@array - per gli array.

@color - per i colori.

@dimen - per le dimensioni.

@drawable - per i valori "drawable", ma anche per le immagini messe in **"res/drawable"**.

@layout - per richiamare i layout presenti nella cartella "**res/layout**".

@raw - per i file nella cartella "res/raw".

@string - per le stringhe.

@style - per gli stili.

Con "**@drawable**", in particolar modo, è possibile riferire sia i valori dichiarati con i tag **<drawable>** in "**res/values**", sia le immagini conservate nella cartella "**res/drawable**".
Ad esempio, se in "**res/drawable**" viene messa un'icona chiamata "**icon.png**", potrà essere richiamata con la formula "**@drawable/icon**".
Ad esempio lo si può fare in **AndroidManifest.xml**, per associare

l'icona all'applicazione:

```
<?xml version="1.0" encoding="utf-8"?>
<manifest xmlns:android=
"http://schemas.android.com/apk/res/android"
package="mypackage"
android:versionCode="1"
android:versionName="1.0">
<application
android:label="@string/app_name"
android:icon="@drawable/icon">
...
</application>
</manifest>
```

Settima parte

(Interfacce)

VIEW E VIEWGROUP

I primi due concetti da imparare sono: **"View"** e **"ViewGroup"**, e corrispondono al metodo con cui Android classifica e organizza ciò che è presente sullo schermo.

I bottoni, i campi di testo, le icone e tutto ciò che concerne l'interfaccia grafica, sono oggetti **"View"**.

I **"ViewGroup"**, invece, sono dei contenitori che possono mettere assieme più oggetti **"View"**.

I **"ViewGroup"**, inoltre, sono a loro

volta degli oggetti **"View"**, e di conseguenza non possono contenere altri **"ViewGroup"**.

I componenti, quindi, andranno organizzati sullo schermo secondo uno schema ad albero.

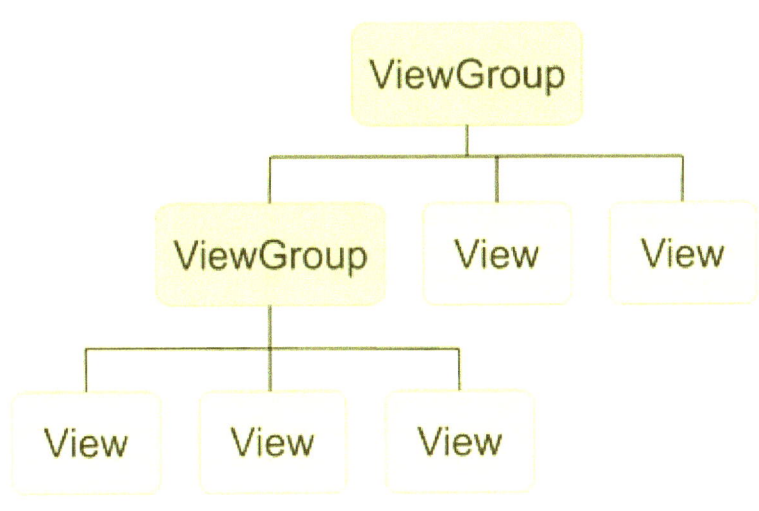

I componenti **"View"** estendono tutti la classe base **"android.view.View"**.

Nella libreria standard di Android ci sono già molti componenti di questo tipo, soprattutto nel pacchetto **android.widget**.

Oltre ai "**widget**" di base, comunque, è possibile estendere la classe "**View**" e realizzare i propri componenti "**custom**".

Il più delle volte, comunque, non c'è bisogno di farlo, poiché quelli forniti da Android bastano per tutte le principali necessità.

La classe "**android.view.ViewGroup**" è una speciale estensione di "**View**".

Un "**ViewGroup**" come visto in precedenza, è una speciale "**View**" che può contenere altre "**View**".

Per questo motivo gli oggetti "**ViewGroup**" dispongono di diverse implementazioni del metodo "**addView()**", che permette di aggiungere una nuova "**View**" al gruppo

public void addView(View child)
　Aggiunge un oggetto **"View"** al gruppo.

public void addView(View child, int index)
　Aggiunge un oggetto **"View"** al gruppo, specificandone la posizione attraverso un indice **(index)**.

**public void addView(View child, int width,
int height)**
　Aggiunge un oggetto **"View"** al gruppo, specificandone larghezza **(width)** ed altezza **(height)**.

public void addView(View child, View Group.LayoutParams params)
　Aggiunge un oggetto **"View"** al gruppo, applicando una serie di parametri di

visualizzazione ed organizzazione del componente (**params**).

public void addView(View child, int index, ViewGroup.LayoutParams params)
   Aggiunge un oggetto "**View**" al gruppo, specificando la posizione attraverso un indice (**index**) ed applicando una serie di parametri di visualizzazione ed organizzazione del componente (**params**).

   "**ViewGroup**" è una classe astratta, quindi, non può essere istanziata direttamente.
   Come nel caso di "**View**", è possibile realizzare il proprio **ViewGroup custom**, ma il più delle volte conviene scegliere fra le tante implementazioni messe a disposizione dalla libreria Android.

Queste implementazioni differiscono nella maniera di presentare i componenti che sono al loro interno, alcuni li mettono uno dopo l'altro, altri li organizzano in una griglia, altri ancora possono essere usati per avere una gestione a schede dello schermo, e così via.

Una volta che, combinando oggetti "**View**" e "**ViewGroup**", si è ottenuta l'interfaccia utente che si desidera, è necessario che questa venga mostrata sullo schermo.

Le attività mettono a disposizione un metodo "**setContentView()**", disponibile nelle seguenti forme:

public void setContentView(View view)
Mostra sullo schermo l'oggetto "**View**" specificato.

public void setContentView(View view,

ViewGroup.LayoutParams params)

Mostra sullo schermo l'oggetto **"View"** specificato, applicando una serie di parametri di visualizzazione ed organizzazione del componente **(params)**.

WIDGET

Con il termine **"widget"** si indicano quei componenti di base per l'interazione con l'utente, come i bottoni, le check box, i campi di testo, le liste e così via.

I **"widget"** predefiniti di Android estendono tutti la classe **"View"** e sono conservati nel package **"android.widget"**.

Esaminiamone alcuni in una veloce panoramica:

ANDROID.WIDGET.TEXTVIEW

Permette di mostrare del testo all'utente. Il messaggio da visualizzare può essere impostato con il metodo "**setText()**", che può accettare sia una stringa che un riferimento ad una risorsa presa dal gruppo "**R.string**".

ANDROID.WIDGET.EDITTEXT

Estende "**TextView**" e permette all'utente di modificare il testo mostrato.

Il testo digitato può essere recuperato

con il metodo "**getText()**", che restituisce un oggetto del tipo "**android.text.Editable**".
Gli oggetti "**Editable**" sono simili alle stringhe, ed infatti implementano l'interfaccia "**java.lang.Char Sequence**".

ANDROID.WIDGET.BUTTON

Realizza un bottone che l'utente può cliccare.

Il componente espande "**TextView**", e per questo è possibile impostare il testo mostrato al suo interno con il metodo "**setText()**", sia con parametro stringa sia con riferimento a risorsa del gruppo "**R.string**".

ANDROID.WIDGET.IMAGEVIEW

Un componente che permette di mostrare un'immagine.
Metodi utili sono:

"**setImage Bitmap()**", che accetta un oggetto di tipo **android.graphics.Bitmap**

"**setImageDrawable()**", che accetta un argomento

android.graphics.drawable.Drawable setImage

"**Resource()**", che accetta un riferimento a risorsa "**drawable**".

ANDROID.WIDGET.IMAGEBUTTON

Un bottone con un'immagine.
Estende "**ImageView**", e quindi espone

gli stessi metodi di quest'ultima per impostare l'immagine mostrata.

ANDROID.WIDGET.CHECKBOX

Questo componente realizza una casella di spunta (check box, appunto).

Estende "**Button**" e "**TextView**", pertanto il testo a fianco della casella può essere impostato con i metodi **setText()**.

ANDROID.WIDGET.RADIOBUTTON

Questo componente realizza un bottone radio.

Come nel caso di "**CheckBox**", le classi base "**Button**" e "**TextView**" forniscono i metodi necessari per l'impostazione del testo visualizzato.

Un bottone radio, da solo, non ha senso.

Due o più bottoni radio, quindi, possono essere raggruppati all'interno di un "**android.widget.RadioGroup**".

L'utente, così, potrà attivare soltanto una delle opzioni del gruppo.

ANDROID.WIDGET.TOGGLEBUTTON

Un bottone "ad interruttore", che può essere cioè **"on"** o **"off"**.

Può essere usato per far attivare o disattivare delle opzioni.

ANDROID.WIDGET.DATEPICKER

Un componente che permette di scegliere una data selezionando giorno, mese ed anno.

La data impostata può essere recuperata servendosi dei metodi: **"getDayOfMonth()"**, **"getMonth()"** e **"getYear()"**.

ANDROID.WIDGET.TIMEPICKER

Un componente che permette di scegliere un orario selezionando ora e minuto.

L'orario impostato dall'utente può essere recuperato servendosi dei metodi **"getCurrentHour()"** e **"getCurrentMinute()"**.

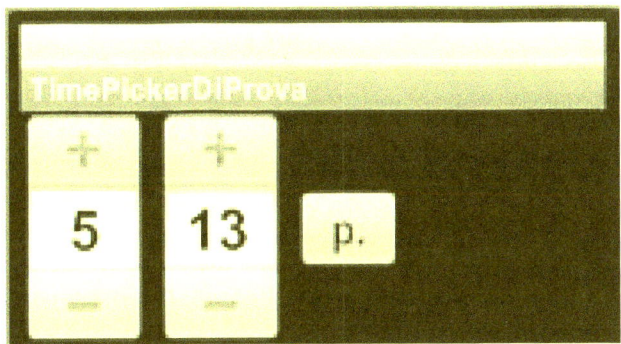

ANDROID.WIDGET.ANALOGCLOCK

Un componente che mostra all'utente un

orologio analogico.

ANDROID.WIDGET.DIGITALCLOCK

Un componente che mostra all'utente un orologio digitale.

Tutti gli oggetti discussi finora richiedono, nei loro costruttori, un oggetto che estenda la classe astratta **"android.content.Context"**.

Si tratta di una struttura che permette l'accesso al sistema e che costituisce il contesto di esecuzione dell'applicazione.

Non devi preoccuparti di come ottenere oggetti di questo tipo, **"android.app.Activity"** estende indirettamente **"Context"**, quindi, dall'interno di un'attività, sarà sufficiente usare la parola chiave **"this"**.

Ad esempio:

Button b = new Button(this);

La considerazione vale per le attività, ma anche per tanti altri contesti della programmazione Android, più o meno tutte le classi che sono mattoni fondamentali del sistema estendono direttamente o indirettamente la classe astratta "**android.content.Context**".

LAYOUT

Con il termine "**layout**", si identificano tutti quei "**ViewGroup**" utilizzabili per posizionare i "**widget**" sullo schermo.
Android fornisce una serie di "**layout**" predefiniti.
Esaminiamone alcuni:

android.widget.FrameLayout
Il più semplice e basilare dei **layout**,

accetta un "**widget**", lo allinea in alto a sinistra e lo estende per tutta la dimensione disponibile al "**layout**" stesso.

Ecco un semplice esempio di utilizzo, che allarga un bottone all'intera area a disposizione:

```
Button button = new Button(this);
button.setText("Bottone");
FrameLayout layout = new FrameLayout(this);
layout.addView(button);
setContentView(layout);
```

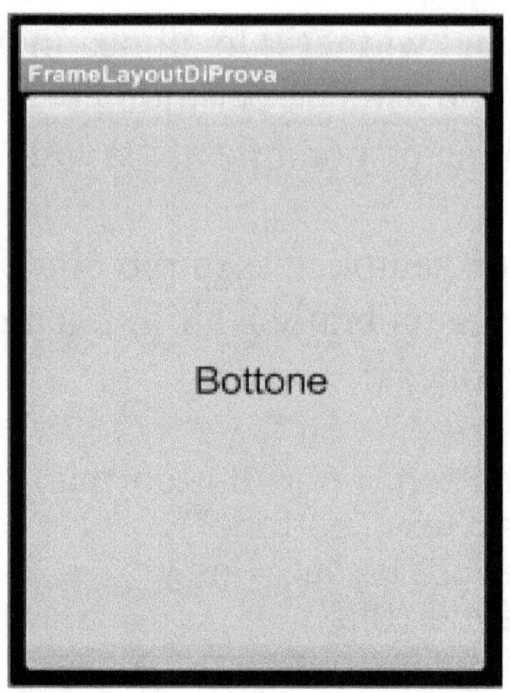

android.widget.RelativeLayout

Come "**FrameLayout**", vuole un solo componente al suo interno ma, a differenza di quest'ultimo, mantiene le dimensioni reali dell'oggetto, senza allargarlo.

Per default, il componente viene allineato in alto a sinistra, ma è possibile controllare l'allineamento servendosi del metodo "**setGravity()**".

Questo accetta un argomento di tipo "**int**", che è bene scegliere fra le costanti messe a disposizione nella classe **android.view.Gravity**.

I valori possibili, nel caso di "**RelativeLayout**", sono i seguenti:

"Gravity.**TOP**" - allinea il widget in alto.
"Gravity.**BOTTOM**" - allinea il widget in basso.
"Gravity.**LEFT**" allinea il widget a sinistra.
"Gravity.**RIGHT**" allinea il widget a destra.
"Gravity.**CENTER_HORIZONTAL**" - allinea il widget al centro orizzontalmente.

"Gravity.**CENTER_VERTICAL**"
allinea il widget al centro verticalmente.
"Gravity.**CENTER**" allinea il widget al centro sia orizzontalmente sia verticalmente.

Più costanti **"Gravity"**, purché non in contrasto fra di loro, possono essere concatenate in un solo valore servendosi dell'operatore binario OR (che
in Java si rende con il simbolo |).
 Ad esempio, per allineare in basso a destra si scrive:

Gravity.BOTTOM | Gravity.RIGHT

ANDROID.WIDGET.LINEARLAYOUT

Un layout utile per disporre più componenti uno di seguito all'altro, sia orizzontalmente sia verticalmente.

Una volta creato il layout, il suo orientamento può essere stabilito chiamando il metodo "**setOrientation()**", con argomento pari a "**LinearLayout.HORIZONTAL**" o "**LinearLayout.VERTICAL**".

Con l'orientamento orizzontale i componenti verranno messi tutti sulla stessa riga, uno dopo l'altro.

Con l'allineamento verticale, invece, si procede lungo una colonna, e quindi i "**widget**" saranno uno sopra l'altro.

Esaminiamo il caso dell'allineamento orizzontale, in questo caso i componenti vengono introdotti lungo una sola linea.
Il sistema accetta di aggiungere

componenti finché c'è spazio.

Se si va di poco oltre la dimensione della riga, il sistema tenta un aggiustamento restringendo i componenti al di sotto delle loro dimensioni.

Raggiunto un certo limite, però, il sistema si rifiuta di andare oltre, ed i componenti di troppo non saranno più visualizzati.

Il metodo "**setGravity()**", nell'allineamento orizzontale, può essere usato per decidere dove posizionare e come organizzare la riga dei componenti rispetto allo spazio disponibile.
Ecco un esempio:

```
Button button1 = new Button(this);
button1.setText("Bottone 1");
Button button2 = new Button(this);
button2.setText("Bottone 2");
Button button3 = new Button(this);
button3.setText("Bottone 3");
LinearLayout layout = new LinearLayout(this);
layout.setOrientation(LinearLayout.HORIZONTAL);
```

```
layout.setGravity(Gravity.CENTER_HORIZONTAL);
layout.addView(button1);
layout.addView(button2);
layout.addView(button3);
setContentView(layout);
```

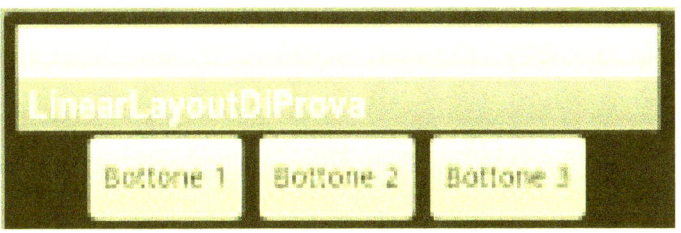

Nei "**LinearLayout**" verticali, i componenti vengono aggiunti uno sopra all'altro, ed espansi in orizzontale fino ad occupare tutto lo spazio a disposizione del "**layout**".

In questo caso "**setGravity()**" può essere usato per decidere se allineare la colonna in alto, in basso o al centro.

Il sistema aggiunge componenti finché c'è spazio nella colonna, ma, superato il limite, i

componenti di troppo non saranno visualizzati
esempio:

```
Button button1 = new Button(this);
button1.setText("Bottone 1");
Button button2 = new Button(this);
button2.setText("Bottone 2");
Button button3 = new Button(this);
button3.setText("Bottone 3");
...
```

La classe **"android.widget.RadioGroup"**, presentata sopra, è utile per mettere insieme più **"RadioButton"**, estende **"LinearLayout"** e gode quindi di tutte le proprietà appena mostrate.

ANDROID.WIDGET.TABLELAYOUT
Un **"layout"** che permette di sistemare i

componenti secondo uno schema a tabella, suddiviso cioè in righe e colonne.

I "**TableLayout**" vanno costruiti aggiungendo al loro interno degli oggetti "**TableRow**", ciascuno dei quali forma una riga della tabella.

Ogni riga è suddivisa in colonne, e in ciascuna cella può essere inserito un componente.

La gravità, cioè il metodo "**setGravity()**", può essere usato sia su "**TableLayout**" che su "**TableRow**", per stabilire gli allineamenti relativi.

Ecco un esempio composto da tre righe e tre colonne:

```
int rows = 3;
int columns = 3;
TableLayout layout = new TableLayout(this);
layout.setGravity(Gravity.CENTER);
for (int i = 0; i < rows; i++) {
```

```
TableRow tableRow = new TableRow(this);
tableRow.setGravity(Gravity.CENTER);
for (int j = 0; j < columns; j++)
{
Button button = new Button(this);
button.setText("Bottone " +
((columns * i) + j + 1));
tableRow.addView(button);
}
layout.addView(tableRow);
}
setContentView(layout);
```

Attenzione però che, se la tabella eccede le dimensioni a disposizione, una parte di essa non sarà visibile.

Su come Android ripartisca la dimensione da assegnare a ciascuna colonna, si può agire con i seguenti metodi:

public void **setColumnCollapsed**(int column Index, boolean isCollapsed)

Stabilisce se una colonna è "**collapsed**".

Quando una colonna è "**collapsed**", non viene mostrata sullo schermo.

public void **setColumnShrinkable**(int column Index, boolean isShrinkable)
Stabilisce se una colonna è "**shrinkable**".

Quando una colonna è "**shrinkable**", il sistema cerca di restringerla il più possibile, per fare in modo che occupi poco spazio.

public void **setColumnStretchable**(int column Index, boolean isStretchable)
Stabilisce se una colonna è "**stretchable**".
 Quando una colonna è "**stretchable**", il sistema tende ad allargarla fornendogli lo spazio extra di cui dispone.

ATTENZIONE

 La numerazione delle colonne parte da 0. "**TableLayout**" dispone inoltre di alcuni metodi di comodo che permettono, in un sol colpo, di applicare le medesime impostazioni di "**shrink**" o di "**stretch**" a tutte le colonne.
 Questi metodi sono:
  setShrinkAllColumns() e **setStretchAllColumns()**.

(I menù)

I MENU IN ANDROID

In Android esistono tre differenti tipi di menu:

Options menu
Sono i menu concepiti per raggruppare le opzioni ed i comandi di un'applicazione.
Si dividono in due sotto-gruppi, icon menu ed expanded menu, descritti di seguito.
Icon menu
Sono i menu con le opzioni principali di

un'applicazione.
Vengono visualizzati nella parte bassa dello schermo quando si schiaccia il tasto "menu" del dispositivo.

Vengono chiamati icon menu perché gli elementi contenuti al loro interno, in genere, sono delle grosse icone che l'utente può selezionare con il polpastrello.

Costituiscono il menu principale di ogni attività e dovrebbero contenere sempre e solo le opzioni più importanti.

Questi menu sono di rapido accesso, ma soffrono per questo di alcune limitazioni: possono contenere al massimo sei elementi, e non è possibile inserire negli icon menu elementi avanzati come le **"checkbox"** e i **"radio button"**.

Expanded menu

Quando il primo tipo di menu non è sufficiente per esporre tutti i comandi e tutte le opzioni di un'applicazione, le attività fanno ricorso agli expanded menu.

Quando ciò avviene, il menu principale, come suo ultimo tasto, presenta il bottone "altro".

Attivandolo si accede ad una lista aperta a tutto schermo, che permette la consultazione delle altre opzioni di menu.

Context menu

I menu contestuali sono quelli che appaiono quando si mantiene il tocco per qualche istante su un widget che ne è dotato.

Ad esempio nel browser è possibile eseguire un tocco di questo tipo sopra ad un'immagine.

Dopo qualche istante verrà aperto un menu contestuale con alcune opzioni relative alla pagina corrente e all'immagine selezionata, come ad esempio i comandi per salvarla in locale e condividerla con gli amici.

Come nel caso precedente, questo genere di menu si presenta come una lista a tutto schermo, che può contenere numerose opzioni.

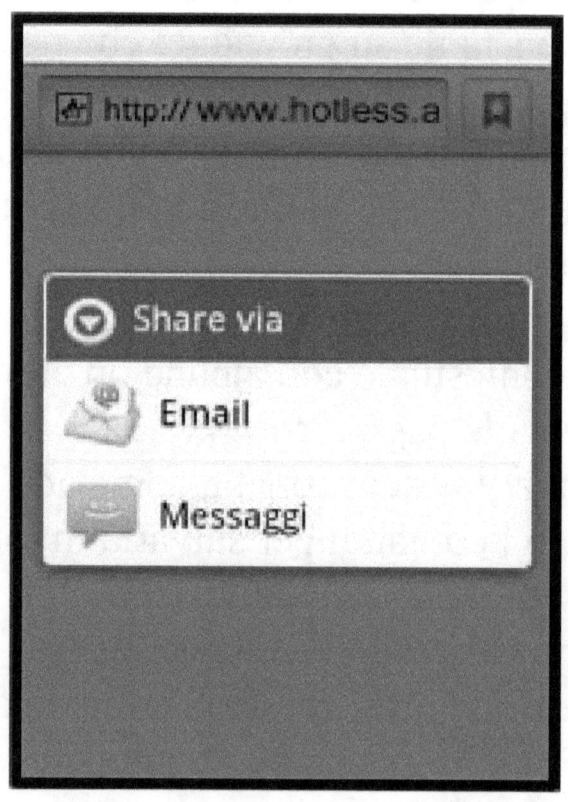

(Un altro po di pratica)

WALLPAPER CHANGER

Sfruttiamo le conoscenze acquisite per realizzare un'applicazione un po' meno didattica ed un po' più concreta:
un wallpaper changer automatico,
cioè un'applicazione che ogni tanto (ad esempio ogni minuto) cambi automaticamente l'immagine di sfondo del telefono.
Per cominciare, create nel vostro ambiente di sviluppo il progetto **"WallpaperChanger"**.
Il package di riferimento su cui

lavoreremo è:

it.Secondoprogramma.wallpaperchanger.

Le immagini che, a rotazione, verranno impostate come wallpaper, saranno parte del software stesso.

Preparate quindi una serie di immagini JPEG di dimensione idonea, ed aggiungetele poi al percorso di progetto **"assets/wallpapers"**.

Potete dare alle immagini il nome che preferite.

Il cuore dell'applicazione, naturalmente, è un servizio:

```
package it.Secondoprogramma.wallpaperchanger;
...
public class WallpaperChangerService extends Service {
public static boolean STARTED = false;
private String[] availableWallpapers;
private int currentWallpaperIndex;
private Timer timer;
...
```

Le immagini disponibili vengono lette dal percorso **"assets/wallpaper"** servendosi di un **"android.content.res.AssetManager"**, che viene recuperato con il metodo **"getAssets()"**.

Ogni 60 secondi viene selezionata l'immagine successiva dell'elenco letto inizialmente.

L'oggetto **android.graphics.Bitmap** corrispondente al wallpaper da mostrare, viene caricato servendosi della classe di utilità **android.graphics.BitmapFactory.** Impostare un oggetto Bitmap come wallpaper è davvero molto semplice in Android, basta servirsi del singleton android.**app.WallpaperManager** e del suo metodo **"setBitmap()"**.

Infine il servizio memorizza il proprio stato nella proprietà
statica **STARTED**, che ci tornerà utile a breve.

Ora che il servizio è pronto ci serve un'attività per comandarne l'avvio e l'arresto.

Facciamo le cose per bene e serviamoci di file XML per la definizione delle stringhe e dei "**layout**".

Cominciamo con il file **values/strings.xml**

```
<?xml version="1.0" encoding="utf-8"?>
<resources>
<string name="app_name">Sfondi automatici</string>
<string name="startService">Start</string>
<string name="stopService">Stop</string>
<string name="finish">Nascondi</string>
</resources>
```

Queste stringhe sono utilizzate nel layout da definire al percorso

layout/main.xml:

```
<?xml version="1.0" encoding="utf-8"?>
<LinearLayout
xmlns:android="http://schemas.android.com/apk/res/android"
android:orientation="vertical"
android:layout_width="fill_parent"
android:layout_height="fill_parent">
...
```

In questo layout viene definita una semplicissima interfaccia fatta di tre bottoni, il primo per avviare il servizio di cambio automatico del wallpaper,
il secondo per arrestarlo ed il terzo per nascondere l'attività che comprende l'interfaccia stessa.

Andiamo a realizzare tale attività:

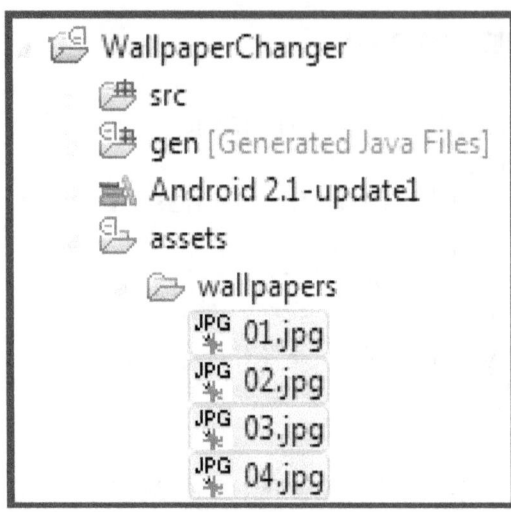

package it.Secondoprogramma.wallpaperchanger;
...
public class WallpaperChangerActivity extends Activity
{
private Button bStartService;
private Button bStopService;
private Button bFinish;
@Override
public void onCreate(Bundle savedInstanceState) {
...

Da notare che, in questo caso, si consulta lo stato del servizio, in modo da abilitare e disabilitare secondo necessità i primi due pulsanti dell'interfaccia.

Inoltre questa attività può concludersi da sola grazie al terzo bottone inserito, il cui listener associato richiama il metodo "**finish()**" dell'attività.

Non resta che mettere insieme il tutto nel file **AndroidManifest.xml**:

```xml
<?xml version="1.0" encoding="utf-8"?>
<manifest
xmlns:android="http://schemas.android.com/apk/res/android"
package="it.Secondoprogramma.wallpaperchanger"
android:versionCode="1"
android:versionName="1.0">
...
```

Siccome le applicazioni Android non

possono cambiare il wallpaper del telefono senza dichiararlo esplicitamente, in accordo con il modello di sicurezza del sistema, nel manifest dell'applicazione è stato necessario dichiarare l'uso del permesso

android.permission.SET_WALLPAPER.

Ora è tutto pronto, non resta che installare l'applicazione su un emulatore o su uno smartphone ed avviare il servizio di cambio automatico del wallpaper.

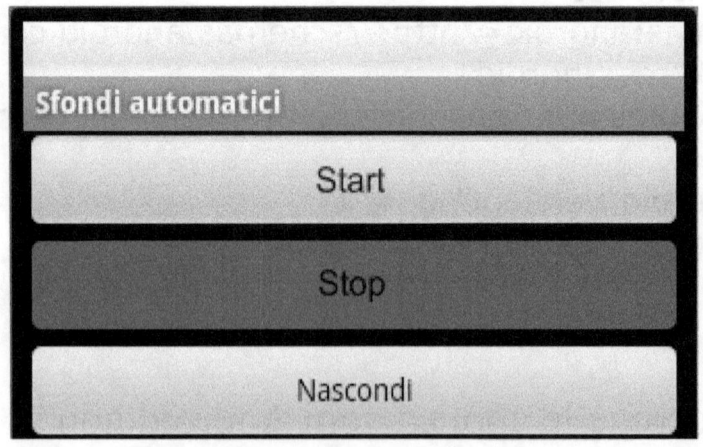

INDICE

- **AMBIENTE DI SVILUPPO**   4
- **PRIMI PASSI**   13
- **PASSIAMO ALLA PRATICA**   27
- **CLASSI E OGGETTI**   35
- **PUBBLICARE APK**   56
- **LE RISORSE ESTERNE**   65
- **INTERFACCE**   76
- **I MENU**   107
- **UN ALTRO PO DI PRATICA**   113

Copyright © Daniele Valduga

www.ingramcontent.com/pod-product-compliance
Lightning Source LLC
Chambersburg PA
CBHW072212170526
45158CB00002BA/563